AF296107

LA BATAILLE

D'ABOUKIR,

OU

LES ARABES DU DÉSERT,

ACTION MILITAIRE EN DEUX PARTIES;

Par MM. CUVELIER et AUGUSTIN;

Musique de l'ouverture par M. VERBES, le reste arrangé
par MM. FOIGNET et D'HAUSSY;

Représentée, pour la première fois, à Paris,
au Cirque Olympique, le 7 Septembre 1808.

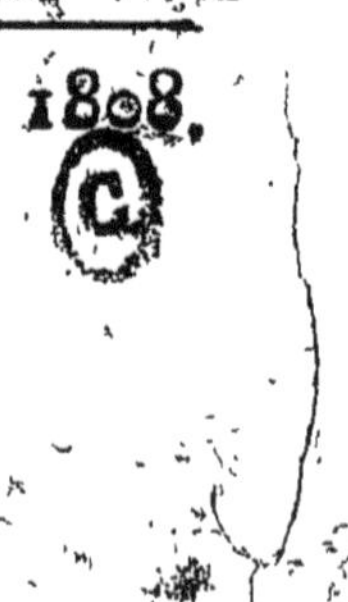

PARIS,
Chez BARBA, Libraire, Palais-Royal, derrière
le Théatre Français, N°. 51.

1808.

PERSONNAGES.ACTEURS.

HOREB, vieil Egyptien avare. *Parisot.*
EDROS, Grec, Cypriotte au service d'Horeb. *Marcy* aîné.
Sir TIGER-BOLD, officier-supérieur anglais. *Gougibus.*
DERVILLE, officier de chasseurs français. *Franconi* cadet.
CELESTINE, épouse de l'officier
    français.   *Mad. Franconi* cadette.
ADOLPHE, fils de Célestine et de
    Dorville.   *Adolphe Franconi.*
Un Général de division français.   *Franconi* aîné.
Un Bey.   *Victor.*
Un Commandant turc.   *Gougibus* cadet.
Le Général en chef des Turcs.   *Jeault.*
Esclaves égyptiens.
Soldats français.
Un Factionnaire anglais.
Officier anglais.
Un Factionnaire turc.
Chef d'Arabes.
Un Aide-de-camp français.
Un Général de brigade français.
Femmes égyptiennes.
Troupes françaises de toutes les armes.
Troupes turques.
Troupes anglaises.
Arabes du désert.
Mamelucks.

La scène se passe en Egypte, dans la première partie, à l'entrée du désert ; dans la seconde, au bord de la mer, près d'Aboukir.

LA BATAILLE D'ABOUKIR,

ACTION MILITAIRE.

Nota. Nous n'avons pas besoin d'avertir que chaque partie forme un Tableau différent, et, pour ainsi dire, un ouvrage séparé, puisque la première se passe dans le désert, et la seconde à Aboukir, c'est-à-dire, à 70 lieues de ce même désert. Ce n'est point ici une pièce de théâtre, mais une action militaire dont le but est de retracer une petite portion des faits glorieux qui ont illustré les vainqueurs de l'Egypte. Si nous y parvenons, autant que la faiblesse de nos moyens et la petitesse du cadre nous le permettent, ce sera notre excuse pour les irrégularités qu'on trouvera dans ce croquis

PREMIÈRE PARTIE.

Le Théâtre représente dans le fond l'entrée du désert, c'est une vaste plaine de sables, dans laquelle on distingue à peine, quelques traces de végétation ; à l'avant scène à droite de l'acteur, une ruine à laquelle est appuyée la maison d'Horeb, couverte en chaume et construite grossièrement avec un mélange de colonnes et de vieilles solives : quelques palmiers qui environnent cette maison annoncent la fin du désert, à gauche une colonne renversée sur laquelle on peut s'asseoir ; à droite près de la maison une statue brisée, qui sert de banc.

SCÈNE PREMIÈRE.

HOREB, Egiptiens, Egiptiennes.

Au lever du rideau, le vieux Horeb est assis sur

une natte, il fume et prend son café : un esclave le garantit du soleil en tenant sur sa tête un grand parasol de paille ; une femme pince du cistre pour amuser son maître ; les Egiptiens montés sur des arbres cueillent des dattes, les Egiptiennes les reçoivent dans des panniers de joncs ; d'autres assises sur la statue brisée et la colonne renversée, mangent et boivent, ils sont supposés tous venant de travailler dans des rizières voisines, et prenant leur repas dans l'instant consacré au repos.

SCENE II.

Les Précédens, EDROS.

Edros sort de la maison, en portant un énorme plat de riz au saffran ; l'imbécile qu'on attend avec impatience, veut s'empresser, il fait un faux pas, tombe le nez dans le plat et le riz est renversé au milieu des femmes.

On relève Edros, sa figure est jaunie par le riz, il est brûlé, il fait une grimace épouvantable ; Horeb se lève en colère, gronde le Grec maladroit, et ordonne qu'on le gratifie de la bastonnade. C'est envain qu'Edros supplie ; envain les femmes joignent leurs prières aux siennes, le maître est inexorable ; le pauvre Grec est lié, renversé sur la colonne, les bâtons se lèvent on va frapper....

Un coup de feu part dans l'éloignement du côté du désert, tous s'arrêtent et écoutent ; on abandonne l'exécution, on se disperse avec inquiétude ; Edros profite de ce moment, se sauve, et grimpe sur un arbre.

Bientôt il fait signe qu'il apperçoit quelque chose dans le désert, il redescend avec le plus grand

effroi, tout le monde partage ses craintes, les Egiptiens et Egiptiennes s'enfuient, Horeb et Edros restent dans la maison et s'y barricadent.

SCENE III.

Un Aide de Camp français, deux Arabes à cheval.

L'aide de camp venant du désert est poursuivi
par deux Arabes ; en entrant en scène il leur tire
son second coup de pistolet et les manque ; il
s'élance au galop, il est suivi de près par ses deux
ennemis qui cherchent à le percer de leurs lances.

SCENE IV.

HOREB, EDROS.

Edros est sur le haut des ruines auxquelles la
maison est adossée ; Horeb sort avec précaution,
examine de tous côtés, il est suivi de son valet
tremblant à chaque pas : tout-à-coup on entend
une fusillade éloiguée, le Grec se sauve de nou-
veau et se cache ainsi que le vieux Musulman.

SCENE V.

Les Précédens cachés, Fantassins français en Tirailleurs.

Les tirailleurs sont en déroute. les Arabes sont
à leur poursuite ; les Français sont excédes de fatigue, ils viennent de traverser le désert, ils éprouvent sur-tout une soif dévorante.

Les premiers se jettent sur les dattes et les ont
bientôt dévorées, les seconds se roulent par terre ;
quelques-uns vont frapper à l'habitation d'Horeb ;
on ne leur répond pas, ils croyent la maison abandonnée ; on apperçoit le Musulman et Edros dans
les ruines qui menacent les Français, se moquent
avec barbarie de leur détresse, et se cachent plus
soigneusement que jamais. Un peu d'eau serait
sur-tout nécessaire aux malheureux soldats pour
humecter leurs langues desséchées : quelques-uns
s'appercevant du commencement de végétation, in-
diquent qu'il faut creuser la terre pour en trouver.

Ils prennent leurs bayonnettes, ils creusent dans
le sable, en tirent une boue jaune et après un long
travail, parviennent à découvrir un peu d'eau ; ils
se précipitent avec avidité pour partager ce bien-
fait.... ô douleur !... cette eau saumâtre est un nou-
veau supplice, ils la rejettent avec horreur....

SCENE VI.

Les Précédens, Arabes du désert.

Les Arabes arrivent au gallop, et portent une
nouvelle terreur dans l'ame des infortunés Français ;
les Arabes les chargent sans pitié ; ceux qui ont
assez de force se battent en retraite où s'enfuyent,
quelques-uns sont tués ou prisonniers ; un soldat
se cache ventre à terre contre la colone renversée,
un autre reste blessé en scène ; les Arabes après
cette expédition disparaissent.

SCENE VII.

Les deux Soldats blessés, le Général français, un Aide de Cmap.

Le général Français, et son aide de camp attirés

par les coups de feu, s'avancent dans le désert avec
audace et intrépidité.

Le général apperçoit les deux blessés qui le sup-
plient de ne pas les abandonner. Le chef Français
aussi généreux qu'intrépide, met pied à terre ; il
fait monter l'un des blessés sur le cheval de son
aide de camp, et place l'autre derrière lui, il sort
comblé de bénédictions par les deux braves qu'il
sauve d'une mort certaine.

SCENE VIII.

EDROS, *seul.*

Le Grec a vu avec un étonnement stupide cette
belle action, il a paru en scène dès que le général
est sorti, il le suit des yeux, entend du bruit et
rendre dans la maison.

SCENE IX.

DERVILLE, CELESTINE, ADOLPHE.

Derville, l'épée à la main, pâle, pouvant à peine
se soutenir, conduit par la bride son cheval
harassé de fatigue ; son enfant est placé sur le
coursier ; sa femme, les cheveux épars, les pieds
brûlés par le sable du désert et se trainant avec
peine est grouppée près de son fils qu'elle soutient.

Ils se trainent vers l'avant-scène; le petit Adolphe
est déposé sur la colonne, il est à moitié évanoui ;
sa mère désolée est auprès de lui, Derville appuyé
sur son épée les examine avec une pitié profonde.

Célestine apperçoit l'eau dans le trou creusé par
les soldats, Derville en prend dans son mouchoir

et le présente à l'enfant qui la rejette avec dégoût. Elle vient désespérée près de son fils.... Grand Dieu ! faudra-t-il le voir périr sans lui donner du secours ! ...

Dans ce moment critique, Derville apperçoit la maison, un rayon d'espérance ranime sa figure abbatue, il frappe à la porte.

SCENE X.

Les Précédens, HOREB, EDROS.

Le vieux Musulman parait, Derville le supplie de prendre pitié de sa triste situation, le vieillard est insensible ; il lui montre sa femme et son fils, rien ne peut toucher le barbare ; il lui offre de l'or. A la vue de ce métal tentateur la figure de l'avare s'épanouit, il accepte, et aidé d'Edros qui s'empare du cheval il fait entrer dans sa maison l'époux, la femme et l'enfant.

SCENE XI.

EDROS, *seul.*

Derville a donné une bourse a Horeb et une pièce d'or à son valet ; Edros revient et examine avec satisfaction une monnaie qu'il n'a pas l'habitude d'avoir en sa puissance, que va-t-il faire de cette pièce si précieuse pour lui ? son maître voudrait peut-être la lui reprendre, les Arabes peuvent lui voler ce trésor ; les Français pourraient aussi le dépouiller.... que faire !... il cherche à la cacher de différens côtés ; il voit le trou creusé dans le sable, excellent moyen !... après s'être assuré que personne

ne peut le voir, il cache son or au fond du trou,
remet le sable et égalise le terrein afin qu'on ne
s'apperçoive de rien.

SCENE XII.

EDROS, le Sir TIGER BOLD déguisé en Musulman,
trois Turcs.

A l'arrivée des Turcs, qui servent de guides à
l'officier anglais déguisé, Edros met le pied sur
l'endroit qui cache ses richesses et paraît effrayé; le
Sir l'aborde brusquement et lui ordonne d'aller
chercher son patron.

Le Grec sent la nécessité d'obeir, mais il craint
de quitter son trésor; il hésite ; le Sir le presse ,
le brusque, et le pousse jusques dans la maison.

SCENE XIII.

Les Précédens , HOREB.

Le vieux Horeb paraît ; l'un des Turcs le prend
à part et lui parle mistérieusement à l'oreille en
désignant le sir Tiger Bold; le vieillard s'approche avec respect du sir ; celui-ci ouvre sa robe,
détache une fausse barbe et on apperçoit l'uniforme
anglais.

Cet officier ou plutôt cet espion ayant été jetté
à terre avec quelques autres pour prevenir les ennemis des Français, que les Anglais unis aux Turcs
allaient débarquer, s'est ménagé des intelligences
dans le pays ; il répand l'or avec profusion et cherche à se faire des partisans; il a choisi pour se cacher
la maison isolée du vieux Horeb qu'il connaît dès
long-tems pour ne pas aimer les Français, et se

laisser aisément seduire par l'appât du gain. Tiger-Bold déroule un écrit qui porte ces mots :

Les Anglais unis aux Turcs,
Sont prêts à débarquer.

Il remet cet écrit à ses guides, leur prodigue l'argent, et les engage à aller répandre cette nouvelle. Les Turcs sortent.

SCENE XIV.

HOREB, le SIR.

Horeb et l'Anglais vont rentrer dans la maison, lorsqu'ils entendent un tambour francais battre le pas de charge dans le lointain : ils s'arrêtent, le Sir s'empresse de reprendre son déguisement; ils écoutent.

SCENE XV.

Les Précédens, DERVILLE, CELESTINE, ADOLPHE.

Derville, qui a entendu le bruit du tambour, sort avec sa femme et son fils.

SCENE XVI.

Les Précédens Troupes Françaises et Arabes.

Les Français paraissent, repoussent à leur tour les Arabes. Derville, qui reconnait son regiment n'ecoute que le cri de l'honneur, laisse sa femme et son fils entre les mains des deux Musulmans qu'il ne peut soupçonner d'une perfidie, il leur recommande ce qu'il a de plus cher au monde et va combattre à la tête de sa troupe.

SCENE XVI.

HOREB , le SIR , CELESTINE , ADOLPHE , EDROS.

Celestine suit des yeux son époux, en témoignant les craintes les plus vives; l'enfant près de sa mère, verse des larmes, Celestine le prend dans ses bras pour le consoler et lui montre son père dans le lointain, Adolphe se penche et lui envoie des baisers. Pendant ce tems l'Anglais déguisé, examine la jolie Française avec intérêt, semble dire , *qu'elle est belle dans les larmes !* et prenant à part le vieux Turc et le Grec, il forme un complôt contre l'innocence.

Le perfide Anglais s'approche de Celestine et semble vouloir la consoler ; il caresse son enfant, il le remet à Horeb en lui disant de le conduire dans sa maison et d'en prendre le plus grand soin. Horeb sourit ironiquement , fait un signe d'intelligence à Tiger-Bold, et prenant Adolphe va pour rentrer, accompagné d'Edros. La mère, sans se douter encore de la perfidie, veut suivre son enfant ; Tiger Bold la prend par la main, la rassure et moitié par persuasion , moitié par force la ramène en scène, tandis que tous les autres sortent.

SCENE XVII.

Le SIR TIGER BOLD, CELESTINE.

Cette conduite singulière allarme l'épouse de Derville; elle examine avec inquiétude le faux Musulman ; elle croit découvrir dans ses traits les traces d'un dessein coupable; elle insiste pour rentrer dans la maison ; le Sir la force de rester avec lui, et sans attendre davantage, il lui déclare son amour et cherche à la séduire. La vertueuse Française rejette ses vœux avec indignation ; elle veut fuir, il la retient, elle se débat.... on entend la marche anglaise... à ce signal Tiger-Bold triomphe, Célestine éprouve un subit effroi.

SCÈNE XIX.

Les Précédens , EDROS , HOREB , parti anglais , ADOLPHE.

La porte de la maison s'ouvre, Adolphe s'échappe et court dans les bras de sa mère ; Horeb et Edros attirés par le bruit de la marche, paraissent à l'entrée des ruines ; les Anglais viennent en scène.

Alors le Sir cesse de se déguiser, il jette sa robe et sa fausse barbe. Etonnement et frayeur de la jeune Française. l'Anglais qui se trouve le plus fort, lui dit que maintenant elle ne peut lui échapper et qu'elle doit ceder à ses désirs, Célestine lui montre son fils pour toute réponse et lui déclare qu'une Française préfére la mort au déshonneur.

Le Sir la fait saisir ainsi qu'Adolphe, et ordonne qu'ils soient retenus dans la maison. On obéit, la mére et l'enfant sont entraînés prisonniers ; Tiger-Bold , Horeb et les Anglais entrent dans la maison du Musulman, en laissant un factionnaire à la garde des armes.

SCÈNE XX.

EDROS , un soldat Anglais.

Edros va rentrer le dernier, le factionnaire l'arrête et le prie de lui apporter quelque chose à boire, Edros le lui promet et sort.

SCENE XXI.

Le soldat Anglais, ensuite DERVILLE.

Le factionnaire se promène, et ne voyant personne, il pose son arme ; accablé par la chaleur, il ôte son casque et s'essuie le front.

Pendant ce tems, Derville paraît et s'arrête stupéfait en appercevant le soldat anglais en faction à la porte de cette maison dans laquelle il a laissé sa femme et son fils.

Quel parti prendre dans cette circonstance imprévue et critique ! la nécessité et l'amour l'inspirent, il tire un pistolet de sa ceinture, s'approche doucement de l'Anglais, et le saisissant brusquement, il le désarme, le renverse et lui appuyant son pistolet sur le front, il lui déclare que s'il fait un cri il est mort.

SCENE XXII.

Les Précédens, deux soldats Français.

Cette situation devient embarrassante pour Derville, il regarde de tous côtés, il ne sait comment mettre à fin cette aventure ; heureusement il apperçoit deux soldats Français égarés: il les appelle, ils accourent pour aider leur officier. Les deux soldats lèvent le sabre sur l'Anglais, Derville les arrête, il écoute à la porte, entend ce qui se passe dans la maison, ne sait comment y pénétrer, réfléchit, hésite, enfin guidé par une inspiration subite, il ordonne aux soldats de dépouiller l'Anglais, de lui mettre un mouchoir sur la bouche pour l'empêcher de crier, et de l'amener au poste

le plus voisin qu'ils feront marcher à l'instant pour
délivrer sa femme et son fils ; les soldats obéissent,
et l'Anglais sort au milieu d'eux, contenu par Derville qui le suit en le menaçant de ses pistolets.

SCENE XXIII.

DERVILLE , seul.

L'Officier français prend l'habit, le casque et
le fusil du soldat anglais et se met en faction à sa
place.

SCENE XXIV.

DERVILLE , EDROS.

Edros revient avec une petite outre et un vase
de terre, et croyant parler au même personnage,
il semble lui dire *voilà ce que vous m'avez de-
mandé, buvez....* Derville profite de la méprise et
boit. On entend une marche lointaine; ils écoutent,
Edros avec joie, Derville avec inquiétude.

SCENE XXV.

Les Précédens, un Bey, H O R E B, le SIR, Caravanne d'Arabes et de Turcs, prisonniers et blessés Français, Egyptiens, Egyptiennes.

Le Bey, magnifiquement monté, est à la tête des
Arabes; la caravanne parait et se déploie sur la
scène ; Horeb et le Sir sortent de la maison et
voient arriver avec joie leurs amis. Les Anglais
prennent les armes et se rangent en bataille à la
porte de la maison.

La caravanne venant du désert est composée de

Turcs et Egyptiens à pied, d'Arabes à cheval, de marchandises portées par des chameaux et dromadaires, elle est suivie par plusieurs Français prisonniers, et enchaînés au milieu des Turcs qui les maltraitent.

Dès que la caravanne a défilé, elle s'arrête en demi-cercle pour faire halte; les prisonniers sont attachés dos à dos à un arbre, dans le fond.

Le commandant anglais se réjouit du renfort qui lui arrive. Derville toujours déguisé et en faction, frémit en voyant la situation allarmante dans laquelle il se trouve, ainsi que sa malheureuse famille. Tableau d'une halte.

Horeb, Edros, les femmes et les esclaves distribuent des rafraîchissement à tout le monde à l'exception des prisonniers auxquels ils sont refusés avec cruauté.

SCENE XXVI.

Les Précédens, CELESTINE, ADOLPHE.

Derville en factionnaire, est toujours à la porte de la maison auprès du faisceau formé des armes déposées par les Anglais.

Célestine et Adolphe sortent de la maison, ils éprouvent la douleur la plus profonde en se voyant tout-à-fait au pouvoir du Sir qui leur montre la caravanne d'un air triomphant. Derville saisit un instant sans être vu, il prend à part la main de sa femme, elle le reconnait, Tiger Bold se retourne, les époux se contiennent, et la mère met la main sur la bouche de l'enfant qui veut faire un cri parce qu'il a aussi reconnu son père.

Le commandant anglais rentre dans la maison

avec le Bey pour se concerter sur les opérations
subséquentes, il recommande au factionnaire de
veiller particulièrement sur Célestine et Adolphe;
Derville le promet.

SCENE XXVII.

Les Précédens, excepté le Sir, le Bey et les Femmes.

Derville prend la résolution désespérée d'armer
les prisonniers, et de tomber sur l'ennemi; en con-
séquence, tandis que tous ceux qui composent la
caravanne boivent, mangent ou dorment, en for-
mant plusieurs grouppes séparés, l'intrépide Français aidé de sa femme et de son fils, trouve le
moyen de faire passer à ses compatriotes les armes
des Anglais.

SCENE XXVIII.

Les Précédens, le Sir, le Bey, les Femmes.

Le Commandant anglais revient avec le Bey,
et donne à un Arabe les dépêches qu'il a tracées.
Toute la caravanne se lève et se prépare à partir.
Le Sir veut enlever Célestine avec son fils et les
forcer à le suivre; dans le moment où il l'entraîne,
Derville cessant de se déguiser, tire un coup de
fusil sur Tiger Bold et le manque; les Anglais et
les Turcs courent aux armes. Les prisonniers
font feu; les blessés retrouvent des forces pour
les seconder; ils fusillent les ennemis, le poste
français prévenu par les deux soldats que Derville a envoyés, vient se joindre à lui. Les
ennemis étourdis par cette attaque imprévue ne
savent quel parti prendre, et se sauvent de diffé-

rens côtés; au milieu de ce tumulte, Tiger-Bold, qui seul ne perd pas la tête, fait enlever par les Anglais Célestine et son fils; ils sont placés sur un chameau qui sort au milieu des Arabes, protégé par les Anglais qui l'entourent en croisant les bayonnettes. Le commandant turc fait tête à Derville ; l'anglais le blesse en traitre, et le laisse expirant au milieu des Français victorieux, mais trop faibles pour empêcher la retraite de la caravanne et l'enlèvement de l'épouse de leur chef.

Fin de la première partie.

IIme. PARTIE.

Le Théâtre représente l'intérieur d'un retranchement près d'Aboukir au bord de la mer en face du fort, à gauche dans le fond une tour très-antique à moitié ruinée. Depuis la gauche jusqu'à la droite du Théâtre, règne un mur pour appuyer la tour et défendre la rade.

On ne voit pas la mer qui est derrière le retranchement, on apperçoit seulement dans le lointain le croissant qui flotte sur le fort d'Aboukir.

SCENE PREMIERE.

Le Bey , Soldats turcs.

(Au lever du rideau il est nuit ; on voit un factionnaire turc sur le retranchement ; la scène est éclairée par des pots-à feu placés de distance en distance. On entend des coups de canon dans un extrême lointain.)

Le Bey entre à la tête de quelques Turcs, interroge le factionnaire, et donne des ordres pour la défense.

SCENE II.

Les précédens, le Sir TIGER-BOLD, HOREB, EDROS, Soldats Anglais.

Le Sir précédé par Edros et Horeb portant des

torches, et suivi de quelques Anglais, vient en
scène et indique au Bey qu'il va enfermer la prisonnière française et son enfant dans la vieille
tour ; le Bey y consent.

SCENE III.

Les Précédens, CELESTINE, ADOLPHE.

Célestine enchaînée est amenée par les Anglais,
ainsi que son jeune fils.

L'infortunée gémit sur sa situation, déplore la
perte de son époux, craint pour les jours de son
Adolphe ; elle apperçoit le Bey, court à lui, de-
mande grace pour son fils ; le barbare Musulman
la repousse et lui dit que son sort dépend du commandant anglais : celui-ci lui sourit ironiquement
et lui déclare à part qu'elle n'obtiendra cette
grace si désirée qu'en faisant le sacrifice de son
honneur.

Indignation de Célestine ; on l'entraîne dans la
tour avec son enfant dont on veut en vain la sé-
parer.

SCENE IV.

Les Précédens, un Chef Turc.

On entend plusieurs coups de canon ; le commandant turc accourt en désordre, et vient an-
noncer qu'un parti français cherche à surprendre
le fort.

(Les coups de canon se rapprochent.)

Aux ordres du Bey et du commandant anglais,
on allume plusieurs torches ; les troupes se mettent

en marche pour aller au devant des Français :
les Mamelucks défilent à cheval.

Horeb et Edros tremblant à qui mieux mieux,
restent seuls en scène.... On entend une vive fusillade.

SCENE V.

Les Précédens, CELESTINE, ADOLPHE, Cavalerie
française et ennemie.

Célestine et son fils paraissent sur la tour ; une
mêlée de cavalerie s'engage, le vieil Egyptien
et son esclave ne savent où se cacher, et cou-
rant dans l'ombre, se font des peurs mutuelles.

SCENE VI,

Les précédens, DERVILLE et Turcs.

Derville accourt au gallop, pénètre dans le retranchement ; il ajuste le factionnaire Turc avec un
pistolet, le coup part, le Turc tombe de l'autre
côté du retranchement ; Horeb et Edros s'enfuyent,
l'alerte est donnée, Derville fait le mort et échappe
ainsi à tous les yeux.

SCÈNE VII.

DERVILLE, CELESTINE, ADOLPHE.

La mêlée de cavalerie a disparue, la fusillade
en s'éloignant, prouve que les Français sont repoussés ; Derville se relève, il apperçoit son épouse
et son fils sur la tour, il voudrait parvenir jusqu'à

eux et les sauver, impossible.... déjà le pas anglais
bat dans le lointain et se rapproche, Derville aban-
donné des siens qui n'ont pu le servir, va devenir
la victime de sa témérité; il est forcé de se retirer,
mais il jure de revenir bientôt, de périr, ou de
sauver tout ce qu'il aime.

SCENE VIII.

TIGER BOLD, HOREB, EDROS, Anglais.

Le sir Tiger Bold vainqueur, rentre à la tête de
ses soldats. (*Le jour commence à poindre.*)

Il ordonne que la prisonnière française, soit
amenée en sa présence; on va la chercher dans
la tour.

SCENE IX.

Les Précédens, CELESTINE.

Célestine descend en scène, l'Anglais lui an-
nonce qu'il est vainqueur, qu'elle ne peut plus
échapper, qu'il faut qu'elle consente à le satisfaire
ou que son fils périra.

Célestine accable de reproches son persécuteur.
Il fait un signal....

SCENE X.

Les Précédens, ADOLPHE sur la tour.

Un soldat anglais, traîne l'enfant sur la tour;
aux ordres du tyran le soldat leve en l'air l'innocent
Adolphe, et semble prêt à le précipiter sur les
bayonnettes des soldats anglais placés au bas. La
malheureuse mère est aux genoux de son farouche

ennemi, il la repousse, l'ordre fatal va être don
si elle ne consent à son deshonueur.

SCENE XI.

Les Précédens, le Général turc, ensuite DERVILI
et les Français.

Le général turc paraît ; il fait de vifs reproc
au féroce Anglais ; il console Célestine, lui ren
son fils, la confie aux femmes qui sont dans le fo
ensuite passe la revue.

Soudain le feu commence, la mêlée s'engaç
Derville s'élance à cheval, le pistolet au poing,
mettant en joue Tiger Bold ; il lache son coup
pistolet, le chef anglais se baisse et la balle
frapper Horeb qui s'était avancé au milieu de
scène avec Edros ; le vieux Copthe tombe, expi
et est emporté par son esclave grec.

SCENE XII.

Les Précédens, le Général, et Soldats français.

A l'instant du coup de pistolet, les Français
reviennent pour surprendre, et enlever le retr
chement, paraissent par dessus le mur qui e
l'angle, l'escaladent, font feu ; désordre génér
mêlée ; Derville qui a été enveloppé par les A
glais, se défend comme un lion et se trouve déli
par le général.

SCENE XIII.

Les Précédens, Troupes françaises, turques, et angla

La mêlée continue, les renforts arrivent to
à-tour aux deux partis et l'on combat long-t
avec une alternative de succès et de perte.

Tout-à-coup le retranchement battu à l'extérieur
par le canon du fort d'Aboukir et défendu par les
Français qui l'ont conquis, s'écroule avec fracas,
en laissant la tour isolée; alors l'œil peut découvrir
dans le lointain le fort d'Aboukir garni de Turcs,
en avant du fort, la mer couverte de bâtimens
anglais, qui font feu de tribord et de babord, et
plus près des spectateurs, des chaloupes ennemies
garnies de tirailleurs qui fusillent les troupes françaises restées sur la plage.

SCENE XIV.

Les Précédens, TIGER BOLD.

Le sir Tiger Bold se met à la tête des Anglais,
et profitant de ce moment, repousse les Français
en désordre.

Cependant les conquérans de l'Egypte se ral-
lient, l'armée française se rassemble ; on élève à la
hâte, des batteries de mortiers et de canons qui
répondent au feu des vaisseaux et du fort, par un
feu encore plus vif.

SCENE XV et dernière.

Les Précédens, EDROS, CELESTINE, ADOLPHE.

Au milieu de cette action, on voit d'un côté,
Derville furieux faisant à la tête des siens des pro-
diges de valeur; Célestine abandonnée dans la
tour avec son fils, et exposée aux feux croisés des
deux partis, et Edros fuyant le danger qui partout
semble le poursuivre.

Pendant ce tems la cavalerie française charge les
Mamelucks, les met en déroute, les poursuit d'un
côté jusques dans la mer, tandis que d'un autre

côté d'autres Mameluks essayent en vain d'entamer un bataillon carré français.

Le Sir voyant les siens repoussés , marque l'intention de se rembarquer , mais avant il ordonne que le feu soit mis au magasin à poudre qui est dans la tour; on s'empresse d'obéir à cet ordre barbare. Cependant Tiger-Bold, pressé de trop près par les Français et par Derville , ne peut se rembarquer, et se voyant prisonnier , se brûle la cervelle.

A cet instant le Général français à cheval avec ses braves, entre dans la mer , les chevaux ayant de l'eau jusqu'au poitrail, fait prisonnier le Bey , cerne les chaloupes anglaises, et malgré la vive résistance des soldats qui les montent, les empêche de rejoindre la flotte.

En même tems un vaisseau anglais démâté reste échoué près d'Aboukir, l'infanterie française enlève, dans le fond, la forteresse à la baïonnette, et plante sur ses remparts le drapeau de la Grande Nation.

Turcs , Arabes , Anglais , Egyptiens , tous sont tués, prisonniers ou en fuite.

Edros veut se sauver contre la tour , elle s'écroule, il tombe sous les débris. L'on distingue au milieu des flammes, sur le donjon, Célestine tenant son fils dans ses bras. Derville grimpe sur les ruines de la tour , s'accroche à la partie des murs qui a résisté à l'explosion , sauve sa femme et son fils, et revient recevoir le prix de son courage Les Egyptiennes offrent des palmes et une couronne au chef des braves ; le Général français accepte la couronne pour la placer à un drapeau et l'action se termine par un Tableau général.

FIN.

De l'Imprimerie de HOCQUET et Comp. , rue du Faubourg Montmartre , n°. 4, au coin du Boulevard.

9 782019 269760